LE

CHLOROFORME

LA CHIRURGIE DES ENFANTS

PAR

Le Dr Albert BERGERON,

Aide de clinique de la Faculté (hôpital de la Charité).
Ancien interne des hôpitaux de Paris,
Membre de la Société anatomique.

PARIS

ADRIEN DELAHAYE, LIBRAIRE-ÉDITEUR

Place de l'Ecole-de-Médecine.

1875

LE

CHLOROFORME

DANS

LA CHIRURGIE DES ENFANTS

LE
CHLOROFORME

DANS

LA CHIRURGIE DES ENFANTS

PAR

Le Dr Albert BERGERON,

Aide de clinique de la Faculté (hôpital de la Charité),
Ancien interne des hôpitaux de Paris,
Membre de la Société anatomique.

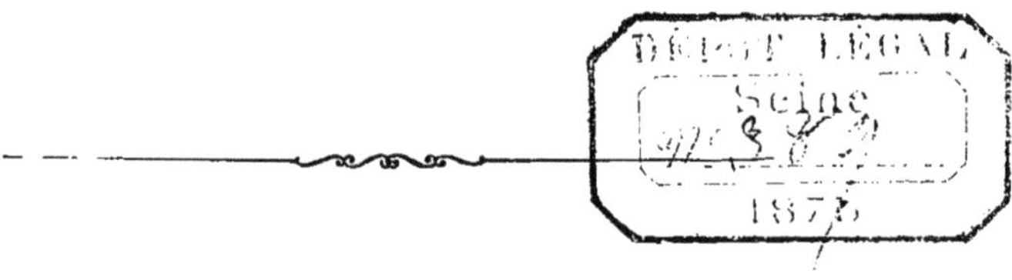

PARIS

ADRIEN DELAHAYE, LIBRAIRE-ÉDITEUR

Place de l'Ecole-de-Médecine.

1875

LE

CHLOROFORME

DANS

LA CHIRURGIE DES ENFANTS

> « Nous avons souvent endormi, uniquement dans le but d'examiner convenablement les organes malades, des enfants qui, atteints de maladies des yeux, refusaient obstinément d'ouvrir leurs paupières. « GUERSANT. »
>
> « Si l'anesthésie devait être abandonnée, il faudrait la conserver dans la pratique de la chirurgie chez les enfants. « GIRALDÈS. »

Je ne saurais me couvrir d'une plus haute responsabilité.

Les passages dont je fais, pour ainsi dire, le frontispice de ma thèse se trouvent dans deux livres que tous ceux que préoccupe la chirurgie de l'enfance doivent avoir entre les mains, et résument, au point de vue de l'anesthésie, les idées de deux hommes, de deux chirurgiens, dont personne ne conteste la notoriété. Guersant est un nom qui se trouve sur toutes les lèvres lorsqu'on vient à parler des maladies des enfants. Quant à M. Giraldès, tout le monde est d'accord pour reconnaître sa haute science et sa parfaite érudition chirurgicale.

J'avais été frappé, pendant mes cinq années d'internat, des craintes que manifestaient nos chirurgiens les plus habiles et les plus expérimentés chaque fois qu'il fallait soumettre un malade à l'anesthésie. Ces craintes, je les avais partagées, dans les nombreuses occasions où il m'a fallu donner le chloroforme, et chaque fois, je ne pouvais me défendre d'une grande et légitime appréhension que les statistiques suffisent, hélas, à excuser.

Quelle différence entre ces craintes dont on ne peut se défaire quand on administre le chloroforme à un adulte et cette innocuité, pour ainsi dire absolue, des anesthésiques employés dans les hôpitaux d'enfants! Et cependant, dans les deux cas, les chirurgiens sont les mêmes, ce sont les mêmes substances que l'on met en usage; le milieu est le même; il faut donc rechercher ailleurs les causes de ces différences si tranchées.

C'est ce que je me propose de faire.

Mais, avant tout, je veux réunir ici les noms de mes deux chers maîtres, les professeurs Dolbeau et Gosselin.

A l'un, je dois l'idée de cette thèse; à tous les deux, j'adresse mes respects et mes remercîments les plus sincères pour l'affection qu'ils n'ont cessé de témoigner à leur élève reconnaissant.

I.

L'anesthésie est un état morbide de la sensibilité
dans lequel plusieurs ou toutes les sensations physiologiques normales sont plus ou moins abolies.

Telle est la définition générale de l'anesthésie, qui,
en chirurgie, ne sert qu'à désigner les effets et l'emploi méthodique des moyens capables de provoquer
et d'entretenir l'insensibilité et la résolution musculaire pendant les opérations.

Nous ne prendrons, pour ce qui nous occupe, que
cette dernière partie de la définition, et nous serons
bref sur l'historique de l'anesthésie chirurgicale.

Ce n'est, en effet, qu'à partir des découvertes des
vertus stupéfiantes de l'éther et du chloroforme que
date l'anesthésie chirurgicale, en tant que méthode
scientifique, et il me semble parfaitement inutile de
raconter qu'à l'époque des Assyriens on avait déjà
eu la pensée d'abolir ou tout au moins d'atténuer la
douleur que provoque l'action traumatique ou chirurgicale.

La compression des veines du cou, qui permettait
aux Assyriens de rendre les enfants insensibles,
constitue une véritable curiosité scientifique dont
on pourra trouver les détails dans les ouvrages de
Casp Hoffmann, *De thorace*, lib. 11, cap. XXIX,
Francof., 1627, in-fol., p. 77.

N'en est-il pas de même de la pierre de Memphis, dont Dioscoride et Pline font mention et qui jouissait de cette surprenante propriété de rendre insensibles les parties qui devaient être divisées ? De la mandragore, agent somnifère et anesthésique, dont parle encore Dioscoride, et d'autres drogues ou breuvages narcotiques, dont l'histoire est rapportée tout au long dans la *Démonomanie des sorciers* de Bodin (1598) ?

Au siècle dernier, l'opium a été employé beaucoup moins peut-être pour abolir la douleur physique que pour modérer l'ébranlement nerveux qui est la conséquence habituelle des grandes opérations.

Sassard en recommande l'usage dans sa *Dissertation sur les moyens de calmer la douleur*, publiée en 1761, et il n'y a pas bien longtemps de cela, en 1847, Dauriol a obtenu par le même moyen une anesthésie complète chez cinq de ses malades.

Avant que d'arriver à l'éther et surtout au chloroforme qui doit principalement m'occuper, il me suffit de signaler que, vers la fin du siècle dernier, James Moore, chirurgien anglais, tenta de constituer une méthode anesthésique basée sur la compression des troncs nerveux.

Comme pour l'opium, cet essai fut repris presque de nos jours, et, dans un mémoire publié à Caen, en 1837, Liégard a de nouveau attiré l'attention sur cette pratique.

Mais, je le répète, ces tendances ne constituent

qu'une curiosité scientifique, non-seulement par l'insuffisance de leurs résultats, mais aussi par les succès éclatants qui ont succédé à la découverte des deux grands agents anesthésiques : l'éther et le chloroforme.

De tout temps, en effet, on a dû chercher à atténuer ou à abolir la douleur qui résulte le plus souvent de l'intervention chirurgicale. Le nombre des procédés employés jusqu'à la découverte de l'éther et du chloroforme prouve deux choses : d'abord que la prophylaxie de la douleur a été l'objet de tentatives réitérées, persévérantes, et aussi que leur impuissance a été reconnue presque aussitôt qu'ils sont nés. Ils ne servent plus, pour ainsi dire, qu'à marquer la trace d'une idée à travers les âges de la chirurgie.

Mais il n'en est plus de même d'une découverte qui n'a point échappé du reste à cette loi naturelle des créations humaines qui, pendant une période de temps plus ou moins longue, sont marquées par des essais souvent infructueux, par des tentatives isolées, dont on ne sait pas reconnaître de prime abord la signification ou l'importance.

Cette grande création, et je ne crains pas d'employer une telle expression pour la caractériser, c'est l'éthérisation. Sa propagation dans le monde scientifique fut une marche triomphale, et l'on ne peut comparer qu'aux bienfaits qu'elle engendrera le nombre et la variété des mémoires présentés aux académies.

Il est bien loin de ma pensée d'en écrire l'histoire. Il est permis de considérer à juste titre l'éthérisation comme la plus belle et la plus bienfaisante découverte du siècle, mais elle a trouvé des historiographes qui m'exemptent du soin d'en faire ici l'apologie.

Je dirai brièvement les grandes phases par lesquelles elle a passé avant que d'avoir, pour ainsi dire, conquis le droit de cité.

J'établirai alors un parallèle rapide entre l'éther et le chloroforme, bien que j'avoue dès maintenant mes sympathies pour ce dernier, et j'entrerai bientôt en matière en traitant des particularités que présente l'administration du chloroforme lorsqu'elle est appliquée à la pathologie de l'enfance.

II.

Par ordre chronologique, c'est l'éther qui tient le premier rang.

Comme le chloroforme, c'est un modificateur énergique qui pénètre dans l'organisme sous la forme de vapeurs subtiles et ne fait que traverser l'économie. L'action qu'il détermine est vive, prompte, subite, mais éphémère comme son séjour même ; car son élimination incessante va détruire ses effets au fur et à mesure qu'ils se produisent.

Sans entrer dans le sein de la tradition vivante encore en Angleterre et en Amérique, et qui fait remonter à la fin du dernier siècle les premiers essais pratiqués sur l'éther, essais qui du reste n'avaient à cette époque que la curiosité pour but et quelques étudiants pour promoteurs, il faut dire cependant que l'action profondément stupéfiante de l'éther avait été signalée par Orfila, Brodie, Giacomini, etc. Mais ce ne fut, en fait, qu'en 1842 qu'un chimiste américain, Charles Jackson, dont le nom est maintenant universellement connu, constata, dans une expérience de hasard, les propriétés anesthésiantes de l'éther. Est-il juste de dire que, dès cette époque, la théorie de l'anesthésie chirurgicale ait germé dans l'esprit de Jackson? Ce serait peut-être aller trop loin.

Quoi qu'il en soit, ce fut quatre ans plus tard, en 1846, que les premières opérations furent pratiquées avec l'aide de l'anesthésie, et cela constitue, dans l'histoire de la chirurgie, une date trop importante pour qu'il ne faille pas la rappeler. C'est le 17 octobre 1846 qu'eut lieu la première application scientifique de l'anesthésie chirurgicale.

Une année va se passer pendant laquelle l'éther sera employé pour atténuer ou détruire la douleur et donnera son nom à cette grande méthode chirurgicale.

Mais bientôt l'éthérisation s'enrichira d'un nouvel agent, car, si Flourens, qui le premier (*Comptes rendus de l'Académie des sciences*, 1847, t. XXIV, p. 342) a précisé nettement les propriétés de chloroforme, n'a pas su tirer de sa découverte tout le parti désirable, un chirurgien anglais, Simpson, va s'emparer des résultats obtenus par le savant français, emploiera le chloroforme chez l'homme et le fera avec succès.

C'est donc à Simpson (d'Edimbourg) que revient en droit l'honneur de cette découverte qui fit grand bruit dans le monde scientifique et fut accueillie avec le plus vif enthousiasme. Les succès qu'il obtint dépassèrent même ses espérances, et ce fut une sorte de triomphe.

Mais des cas de mort subite vinrent bientôt refroidir l'enthousiasme et assombrir le tableau si brillant que l'on se plaisait à faire de la nouvelle découverte.

L'opinion publique fut agitée, l'autorité s'émut. Avant elle, l'Académie de médecine avait provoqué des discussions; la Société de chirurgie s'unit à l'Académie; mais des travaux de ces assemblées savantes je n'ai point encore à parler, j'y reviendrai plus tard et m'en servirai tout à l'aise.

Les morts survenues subitement pendant la chloroformisation ne sont malheureusement que trop réelles, mais il ne faut rien exagérer. En comparaison du nombre énorme de malades soumis à l'influence du chloroforme, les cas de mort subites sont bien minimes, non pas que je veuille en atténuer la gravité, mais je ne puis toutefois m'empêcher de signaler, sans en tirer d'autres conséquences, le relevé consigné par Samson dans le *Medical Times* de 1863, constatant qu'il y a eu 150 cas de mort sur 2 millions de cas d'emploi de chloroforme.

J'ai laissé de côté avec intention bien des corps qui jouissent des propriétés anesthésiques, tels que la liqueur des Hollandais, le kérisolène, l'aldéhyde, l'acétone, le protoxyde d'azote et l'amylène ; les deux derniers cependant, si mon cadre était moins restreint, eussent offert un certain intérêt à être connus.

Le protoxyde d'azote a préparé, pour ainsi dire, l'avénement de l'anesthésie chirurgicale.

Vers 1795, en effet, Beddoes soumettait à l'expérimentation sur l'homme malade les airs artificiels dont la découverte venait d'illustrer les noms de Cavendish, de Priestley, et Humphry Davy, qui était son aide, reconnaissait que le protoxyde d'azote ou oxyde nitreux, comme il l'appelait (*Researcheschen on the gazeous oxyd of azote*, etc.), exerçait une action incontestable sur le système nerveux et parvenait à suspendre et à détruire la douleur. Les expériences qu'il fit furent souvent répétées en France, en Angleterre, etc., et cependant, le gaz hilarant devait bientôt tomber dans un oubli dont les efforts des dentistes modernes cherchent à le relever.

Quant à l'amylène, découvert en 1844 par Ballard, il a eu aussi son moment de vogue. Giraldès l'a préconisé, il l'a employé dans maintes circonstances, et cependant il n'a été accueilli en France qu'avec défaveur et prévention. Ce qui peut-être l'a fait rejeter, c'est son application difficile dans la pratique et la nécessité d'un appareil spécial. Il est, en outre, d'une fétidité répugnante, et son action n'est que de peu de durée. Il a toutefois des avantages, qu'il me faut signaler : c'est qu'il est plus facilement toléré que tout autre anesthésique par les muqueuses, et que le sommeil qu'il procure n'est précédé que par une période d'excitation très-courte et souvent même à peine marquée; aussi de Graeffe aimait-il à l'employer dans l'examen des yeux.

III.

Le chloroforme et l'éther conduisent au même but, et tous deux se manifestent en exerçant sur les centres nerveux une action directe spéciale, action progressive et successive, d'après les beaux travaux de Flourens et de Longet.

Mais si le résultat obtenu est le même avec les deux anesthésiques, si dans les deux cas il y a diminution et abolition de la douleur, il existe une grande différence dans les manifestations qu'ils produisent avant de procurer le sommeil, et également dans la qualité même de ce sommeil.

On sait, du reste, qu'une polémique quelquefois assez vive s'est élevée entre l'Ecole de Paris, qui préconise le chloroforme, et l'Ecole de Lyon, qui lui préfère l'éther. Pendant un certain temps, la question demeura tendue; mais je dois dire que, des deux côtés, on a fait des concessions.

Une sorte de réconciliation s'est effectuée, et M. Gosselin en a été un des plus fervents promoteurs.

A Paris, on expérimente un éther semblable à celui dont on fait usage à Lyon.

A Lyon, grâce à de récentes discussions soulevées au sein de la Société des sciences médicales, on n'en est plus à établir une si grande différence entre les dangers du chloroforme et ceux de l'éther.

Cet engouement pour l'éther, les chirurgiens américains le partagèrent avec ceux de Lyon, et lorsque la commission instituée à Boston pour étudier cette question eut terminé ses travaux, le rapporteur de la Société de médecine vint affirmer que l'éther n'avait *jamais* occasionné d'accidents et qu'aucun des cas de mort signalés pendant l'administration de l'éther, et qui montent à 44 (Kidd), ne pouvait lui être justement attribué.

Ce fut à la suite d'une enquête longue et sérieuse, je l'avoue, que cette affirmation a été nettement posée à Boston ; mais Giraldès fait remarquer avec raison que, si on avait agi de même dans l'examen des accidents produits par le chloroforme, si on avait aussi scrupuleusement fouillé les conditions dans lesquelles les cas de mort étaient survenus, on serait assurément arrivé à diminuer la nécrologie du chloroforme. Il faut, du reste, laisser au temps le soin de trancher définitivement la question.

Cette question si grave qui, j'en conviens, n'a point encore reçu une solution définitive, et dans laquelle il est à souhaiter que l'expérimentetion intervienne d'une façon plus nette et plus certaine, est pour moi secondaire, puisque précisément je tends à admettre l'innocuité du chloroforme dans la pathologie de l'enfance.

Des cas de mort, hélas, trop nombreux ! doivent être, en effet, attribués essentiellement à l'inhalation du chloroforme chez l'adulte. Je n'aurais pas osé entreprendre cette discussion de faits, dans laquelle je vois tant de nos maîtres, et des plus savants, hésiter encore aujourd'hui ; mais j'en fais aujourd'hui table rase, puisque, dans les conditions bien limitées où je me place, les faits eux-mêmes viennent témoigner que le chloroforme est indemne d'un si grave reproche.

Ma tâche est donc bien facile en ce qui regarde le parallèle à établir entre l'éther et le chloroforme dans la chirurgie des enfants, puisque je n'ai qu'à m'adresser à des questions de détail que personne ne peut nier, sur lesquelles aucune discussion ne peut s'engager et qui sont d'observation journalière.

En réservant, en effet, la question de danger, et c'est ce que je fais expressément, le doute n'est pas permis pour tout chirurgien qui a expérimenté comparativement l'éther et le chloroforme, et l'embarras du choix n'existe plus.

Sans parler de la grande quantité d'éther qui doit

être employée, il faut bien dire que l'anesthésie est souvent incomplète, insuffisante, toujours courte, et que l'on n'obtient que difficilement l'abolition des mouvements volontaires. En outre, et ceci regarde alors spécialement la question dont je m'occupe, l'inhalation de l'éther détermine *constamment* un picotement assez vif au fond de la gorge, une irritation bronchique toujours redoutable chez les enfants, des accès de toux qu'il n'est jamais bon de provoquer, et des suffocations pénibles, parfois inquiétantes. J'ajoute, en dernier terme, que la volatilité de l'éther est tellement grande qu'il est difficile, sinon impossible, de l'administrer sans appareil, et qu'en principe comme en fait, tout appareil est mauvais.

Je n'ignore pas que c'est le procès de l'éther que je viens de faire, plutôt qu'un parallèle entre le chloroforme et lui. Mais, je le repète, je ne suis animé d'aucune pensée de critique; je ne cherche pas à résoudre la question qui est encore pendante de savoir auquel de ces deux corps il faille donner la préférence d'une façon générale. Non; je me place sur un tout autre terrain, plus modeste peut-être, mais assurément plus ferme, et je dis que, du moment où le chloroforme administré chez l'enfant demeure inoffensif, l'éther a trop d'inconvénients à sa charge pour qu'il ne soit pas permis de le rejeter absolument. Je n'en parlerai plus.

IV.

« Le problème que l'on doit se poser quand on administre le chloroforme, est de donner assez d'anesthésique pour abolir la sensibilité et le mouvement, pas assez pour paralyser l'action du cœur et des poumons. » (Gosselin)

Ce que l'on cherche, c'est à éviter la douleur qui résulte le plus souvent de l'intervention chirurgicale et à supprimer la contraction musculaire qui peut gêner le chirurgien pendant l'opération, ou l'empêcher d'établir son diagnostic.

Mais, avant d'atteindre ce but désiré, avant de produire cette abolition momentanée de la sensibilité et de la myotilité, l'anesthésie passe par des degrés, par des périodes qu'il est indispensable de connaître.

Je ne parle ici que de l'anesthésie régulière ; plus tard, j'aurai à m'occuper des accidents qui peuvent, dans certains cas, l'accompagner, et dont la gravité même a excité à juste titre l'émotion des chirurgiens.

Ces périodes sont au nombre de trois. Je serai bref à leur égard, car on en trouve la relation détaillée dans tous les livres qui ont trait à l'anesthésie.

Tout d'abord le malade résiste aux inhalations : c'est la période d'excitation. Tout en lui semble se révolter, et il fait les efforts les plus violents pour se soustraire à l'action de l'agent anesthésique. Les battements de cœur sont tumultueux et tellement précipités que la main et l'oreille ont peine à les suivre et à les déchiffrer. La respiration est brève, saccadée. L'intelligence est égarée, la sensibilité pervertie, et ce sont des mouvements instinctifs et réflexes qui remplacent les mouvements volontaires. Puis bientôt le malade, comme lassé de ses efforts, tombe dans le calme : c'est la période de tolérance, pendant laquelle il aspire à pleins poumons l'air chargé de vapeurs anesthésiques. En même temps, la circulation se régularise, se ralentit; le pouls le déprime ; la respiration est large, profonde, et l'on marche ainsi à la troisième période, dite période chirurgicale, caractérisée en outre par la disparition de la sensibilité, la détente et le relâchement du système musculaire.

Cette dernière période n'est pas comprise de la même manière par tous les chirurgiens. Faut-il, avec les uns, agir sans perdre de temps dès que la sensibilité paraît émoussée et avant que la myotilité ait disparu?

Faut-il, avec les autres, aller résolùment jusqu'aux limites que recommande, du reste, une sage réserve et choisir pour opérer le moment qui succède à l'abolition des facultés sensitives et qui coïncide avec l'apparition de la résolution musculaire?

Je partage cette dernière opinion, et, en le faisant, je suis l'enseignement que j'ai reçu de mes maîtres dans les hôpitaux.

De récentes recherches ont permis à MM. Coyne et Budin de constater un signe qui rarement fait défaut, sert, pour ainsi dire, à mesurer l'action du chloroforme sur les corps vivants, et fournit une précieuse indication pour savoir si l'on est arrivé, oui ou non, à la période d'anesthésie chirurgicale. J'entends parler de l'atrésie des pupilles qu'il est toujours facile d'examiner.

Depuis que les travaux de MM. Coyne et Budin ont paru, j'ai pu maintes fois reconnaître l'exactitude de leurs observations.

J'ai répété, à l'hôpital de la Charité, dans le laboratoire de mon maître, le professeur Gosselin, l'expérimentation sur les animaux, et les résultats que j'ai obtenus concordent parfaitement avec ceux de mes collègues ; j'ajouterai que tout récemment, dans une opération d'ovariotomie pratiquée par M. Gosselin, j'ai maintenu, pendant plus d'une heure et demie, la malade dans le sommeil anesthésique, sans qu'aucun accident soit survenu, et en me basant uniquement sur l'examen de la pupille pour interrompre ou reprendre les inhalations chloroformiques.

Je reviendrai, du reste, plus tard sur ce point de pratique. Je me contente en ce moment de le signaler.

Au moment de la période d'excitation, la pupille se dilate, et bientôt on la voit se contracter lentement, et à mesure que la contraction augmente on voit disparaître la sensibilité. Mais il faut bien se garder de croire que l'on puisse opérer impunément au moment où commence cette contraction de la pupille. Si l'on pince en effet le sujet, on voit la pupille se relâcher et même, dans certains cas, atteindre les dernières limites de la dilatation.

Il faut donc patienter encore et continuer l'administration du chloroforme pendant quelques instants.

Une fois que l'opération est commencée, et si elle doit durer un certain temps, il est bon de maintenir cette atrésie pupillaire en continuant les inhalations chloroformiques, car, avec la dilatation des pupilles, on ne tarde pas à voir reparaître la sensibilité et avec elle des mouvements qui gênent l'opérateur, des gémissements qu'il est toujours bon d'éviter, et enfin le réveil. Et ce sont alors de nouveaux efforts qu'il faut faire pour replonger le malade dans le sommeil anesthésique.

Cette atrésie pupillaire est réelle, et je dis qu'elle est réelle, en ce sens que la lumière n'a sur elle aucune action, mais une des complications de l'anesthésie peut la modifier. J'ai en effet constaté, ainsi que M. Budin, que les vomissements qui surviennent si fréquemment pendant l'anesthésie déterminent brusquement le retour de la sensibilité et s'accompagent de la dilatation pupillaire ; les effets de l'anesthésie sont annihilés en partie. Je l'ai observé très-nettement chez trois malades, et j'ai voulu con-

trôler le fait en soumettant des animaux à l'expérimentation. Ce n'est pas, comme l'a fait M. Budin,
de l'apomorphine que j'ai injectée par la méthode
hypodermique aux chiens que j'avais en expérience,
mais de l'émétine; j'ai produit chez eux des vomissements et des efforts énergiques, violents, alors
que je les tenais dans le sommeil anesthésique, et
j'ai constaté qu'à ce moment la pupille, de contrac-
tée qu'elle était, se dilatait rapidement, à tel point
que l'iris ne semblait plus former qu'une zône
étroite.

Quant à ce qui est de la durée relative ou réelle
des trois périodes de l'anesthésie, il n'y a rien de
précis à cet égard, et cela dépend essentiellement
des dispositions particulières offertes par le malade
que l'on soumet aux inhalations chloroformiques.
Le sommeil peut venir, doux et calme, au bout de
quelques minutes, comme il est possible de voir
persister la lutte pendant quinze, vingt, trente minutes, mais c'est principalement chez les individus
adonnés aux habitudes alcooliques que l'on constate
une résistance aussi prolongée.

La période chirurgicale une fois obtenue, on peut
l'entretenir pendant un temps plus ou moins long, et
les observations ne manquent pas dans lesquelles
l'anesthésie a été maintenue une heure durant et
même plus, grâce aux inhalations méthodiques.
Tout est éteint, tout est aboli dans l'homme, sauf
la circulation, sauf aussi la respiration. Le cœur

bat, et l'organisme n'attend que d'être débarrassé de l'agent qui l'opprime pour rentrer dans la plénitude de son fonctionnement.

Ce moment arrive et le malade se réveille, et ce retour à l'état normal, j'allais dire à la vie, se fait graduellement. Les effets anesthésiques se dissipent en général plus vite qu'ils ne se sont produits, mais il y a toujours une sorte d'indifférence, comme de l'assoupissement; la sensibibilité est déjà revenue que l'intelligence sommeille encore. Les paupières se soulèvent avec effort; aux paroles qu'on lui adresse le malade répond à peine. Il est tout étonné de ce qui se passe autour de lui, et ce n'est que progressivement que tous ces nuages, qui voilent encore son intelligence, vont se dissiper; mais il restera de la tendance au repos qui se prolongera pendant quelques heures et qui, dans bien des cas, sera interrompu par des nausées et des vomissements.

Le chirurgien, du reste, et ceci est une règle formelle dont on ne saurait se départir, ne devra jamais quitter son malade avant que le réveil ne soit obtenu et nettement dessiné, et si cet assoupissement se prolongeait par trop, il cherchera à le rompre surtout à l'aide de flagellations sur le visage ou la poitrine.

Tels sont les phénomènes que présente l'anesthésie dans sa marche; mais ce n'est pas tout que d'en avoir tracé le tableau, il faut encore en scruter la nature, et c'est alors que la physiologie nous vient en aide ét nous offre le merveilleux contrôle de la méthode expérimentale. Je n'entrerai d'ailleurs dans aucune discussion et je me bornerai à résumer l'état de la science en ce moment.

L'anesthésie, dans toutes ses phases, est la conséquence d'une action directe et spéciale exercée sur le système nerveux par les vapeurs du chloroforme. Ces vapeurs, absorbées par les capillaires du poumon, passent dans le torrent circulatoire et sont portées vers les centres nerveux, où elles vont agir sur la force nerveuse et la paralyser. Il y a là une action de contact moléculaire par l'intermédiaire du sang, d'où résultent les modifications des éléments nerveux.

Il est hors de doute, en effet, que le sang se charge de vapeurs chloroformiques, mais ce n'est pas toute la quantité de ces vapeurs qui va agir sur le principe même de l'activité nerveuse, car, avant que la saturation ne soit complète, l'exhalation se produit, l'odeur de l'expiration des sujets anesthésiés le prouve surabondamment, et il se fait entre l'inhalation et l'exhalation une sorte de balancement qui apporte, je crois, le principal ornement de cette physionomie éminemment mobile que présentent, aux yeux des observateurs, les phénomènes de la chloroformisation.

Quoi qu'il en soit de ce fait, il est bien établi aussi que c'est au niveau de la muqueuse pulmonaire que s'effectue cette pénétration des vapeurs anesthésiques dans l'intérieur du courant sanguin.

Il y a eu, il est vrai, des médecins qui, prétendant que les agents anesthésiques n'agissent qu'en troublant l'hématose, en entravant la fonction pulmonaire, en ont conclu que la perte de la sensibilité était la conséquence d'une asphyxie régulière. Mais un fait renverse de fond en comble cette théorie : c'est la possibilité de déterminer l'anesthésie en injectant du chloroforme dans l'estomac ou dans le rectum. Marc Dupuy, Dessert (de Metz), Simonin (de Nancy), Bouisson ont fait des expériences concluantes à ce sujet, et surtout Pirogoff (de Saint-Pétersbourg), qui veut établir sur cette pratique une méthode générale d'anesthésie.

Le chloroforme qui a pénétré dans l'intérieur du torrent circulatoire ne va pas agir sur les éléments liquides ou solides du sang et ne déterminera pas, à proprement parler, d'altération organique ; mais M. Perrin exagère quand il vient affirmer que la constitution physique et chimique du sang n'est point altérée d'une façon appréciable par le séjour des vapeurs anesthésiques qui y ont pénétré par absorption. Il est au contraire parfaitement démontré qu'elles exercent une influence notable sur les gaz du sang.

Lorsque le sommeil chloroformique a quelque peu duré, l'oxygène augmente dans le sang veineux et diminue dans le sang artériel. Il y a donc déplacement (Claude Bernard, P. Bert). D'autre part, la quantité d'acide carbonique tend à augmenter dans le système artériel. Mais cette accumulation ne dure que pendant les cinq premières minutes de l'anesthésie ; elle ne tarde pas à cesser, et cela au bout de douze à quinze minutes, grâce à la diminution des combustions organiques (Bouisson).

Ces résultats ont un grand intérèt scientifique. On doit faire toute autre chose que de les nier ou les passer sous silence, et peut-être un jour aideront-ils à déterminer l'action intime des anesthésiques sur l'élément nerveux. Car, il faut bien l'avouer, cette action existe, mais elle est encore toute mystérieuse, échappant à l'analyse et se dérobant devant toutes les recherches établies dans le but d'en pénétrer la nature.

Serres, Flourens, Longet ont parfaitement établi qu'elle s'exerçait sur les centres nerveux dont elle frappait successivement les différents départements, et la doctrine de la localisation progressive des effets anesthésiques est un des plus beaux fleurons de la physiologie expérimentale.

Le chloroforme concentre tout d'abord ses effets sur le cerveau et le cervelet, puis sur la protubérance annulaire, sur la moelle épinière et, si son action se prolonge encore, sur la moelle allongée.

La sensibilité et la myotilité sont abolies, et c'est seulement en dernier lieu que sont frappés les appareils de la circulation et de la respiration que le bulbe rachidien tient sous sa dépendance.

Telle est, en résumé, la doctrine de Flourens et de Longet.

Je sais bien qu'il est des cas où cette succession se trouve intervertie, des cas où, comme l'a fait remarquer Roux, la sensibilité persiste longtemps après que sont abolis les mouvements volontaires, où c'est l'intelligence qui se conserve alors que la sensibilité et la myotilité ont disparu; mais ce sont des exceptions qui viennent précisément confirmer la règle.

On pressent, par cela même, le danger ; sait-on, d'une manière précise, où et quand finit l'action du chloroforme sur les parties de l'encéphale qui président à la vie de relation ? où et quand commence celle qui va influencer et peut-être abolir les fonctions de nutrition ?

Et, de prime abord, ne partage-t-on pas l'émotion de Baudens, qui, se basant précisément sur les expériences de Flourens, disait : « Chaque fois que l'on veut obtenir plus que l'insensibilité, c'est-à-dire la résolution musculaire, il y a danger de mort... On ne laisse plus de la vie au trépas que l'épaisseur d'un cheveu ou, si l'on aime mieux, l'épaisseur du nœud vital. »

Mais heureusement que d'autres expériences faites sur les animaux, et aussi l'observation journalière sur l'homme, ont prouvé que l'on pouvait introduire dans l'organisme une quantité de chloroforme suffisante pour abolir les fonctions de la vie de relation, sans suspendre les manifestations de la vie de nutrition, et que, pour obtenir ce dernier effet, il fallait en faire pénétrer dans les voies circulatoires une quantité beaucoup plus considérable.

Entre le moment où disparaissent la sensibilité et la myotilité, et celui où l'atteinte est portée jusqu'aux muscles de la circulation et de la respiration, il existe une période justement désignée par M. Chassaignac sous le nom de *période de tolérance anesthésique,* pendant laquelle la respiration est large, égale, facile ; le pouls, d'une fréquence modérée, régulier et presque plein. Si l'on n'exagère pas les doses de chloroforme, la durée de cette action est longue et oscille entre une demi-heure et une heure et quart. En outre, quand la circulation et la respiration commencent à être menacées, l'affaiblissement de ces deux grandes fonctions est graduel, et leur extinction peut être prévue.

L'examen de ces faits doit donc nous rassurer, et il est à présumer que Baudens a confondu des cas irréguliers, exceptionnels, avec la mort sous l'influence d'une chloroformisation poussée à ses limites extrèmes.

V.

Ainsi marche la chloroformisation, et les détails dans lesquels nous sommes entré n'étaient point inutiles à la question qui nous occupe. En effet, quelle que soit notre confiance dans la méthode anesthésique appliquée à la pathologie chirurgicale des enfants, il est toujours sage de s'éclairer des données de la physiologie expérimentale, qui semble agrandir encore la route dans laquelle on s'engage.

Aujourd'hui, c'est donc un fait qui semble bien admis : le chloroforme, introduit par inhalation dans l'organisme, porte son action sur les trois fonctions principales de l'économie qui forment comme le trépied de la vie : sur l'innervation, la respiration et la circulation. Mais, par cela même qu'il agit sur les fonctions primordiales, son influence n'en semble-t-elle pas devenir plus périlleuse, et des accidents ne pourront-ils pas survenir qui devront en toute justice lui être attribués?

Je n'entends pas parler ici des accidents déterminés par le chloroforme introduit à doses toxiques, mais bien des cas dans lesquels l'anesthésique a été administré par des médecins expérimentés, à doses sages et dans des conditions où le résultat fatal se trouvait indépendant de toute combinaison humaine.

Ce sont ces faits qui seuls nous intéressent, et, pour les expliquer, de nombreuses théories ont été proposées, des livres entiers ont été écrits, et des discussions souvent longues, toujours approfondies, ont été soulevées au sein des sociétés savantes.

J'estime tout d'abord qu'il faut éliminer les accidents divers, passagers, qui ne donnent lieu qu'à des modifications dans la conduite des inhalations, et constituent, à proprement parler, des irrégularités de l'anesthésie. Il est bien peu de cas dans lesquels on n'ait pas à les constater, mais je dois dire dès maintenant que, chez les enfants, il est chose rare de les rencontrer.

D'un autre côté je trouve dans un auteur allemand (1) la relation singulière de cinq cas de mort apparente produite par l'inhalation du chloroforme, et cela dans le court espace de quinze jours. Cette coïncidence donna des soupçons sur la composition de l'agent anesthésique dont on avait fait usage, et ce ne fut qu'après une série d'analyses très-minutieuses qu'il fut permis de constater dans ce liquide la présence d'un excès de chlore. Les accidents observés étaient bien dus à cette cause, puisque le même chloroforme ne les produisit plus à l'avenir. Le chirurgien eut, du reste, le bonheur de rappeler ses malades à la vie.

La pureté du chloroforme est en effet un des grands soins dont tout chirurgien doive se préoccuper, car c'est peut-être une des causes les plus sérieuses auxquelles on puisse rattacher bon nombre des cas de mort par anesthésie.

Quant à ce qui est de ces observations dans les-

(1) Zur casuistik des Scheintodes in der Chloroformacose (Contribution à l'étude de la mort apparente dans l'anesthésie par le chloroforme), prof. Kœnig de Rostock, Deutsche Klinik, 1873, n° 24.

quelles on rapporte que la mort est survenue des heures, des jours, voire même des semaines après l'administration du chloroforme, j'avoue qu'il me répugne de les attribuer aux anesthésiques, tant leur filiation me semble obscure et douteuse.

Mais il n'en est plus de même quand on entre dans la série de ces faits, malheureusement trop nombreux, dans lesquels on voit la mort survenir brusquement, subitement, le malade étant encore sur le lit d'opération, le chirurgien venant de finir, ou n'ayant même pas, dans certains cas, commencé encore son opération. Ces cas-là ne sont pas douteux, et, tout au moins, pour le plus grand nombre, c'est bien au chloroforme qu'on doit les attribuer. La discussion en est difficile, et ce sont eux qui constituent la véritable nécrologie du chloroforme que les chirurgiens de Lyon ou de Boston ont si souvent mise en avant.

Loin de moi la pensée d'innocenter le chloroforme — chez l'adulte ; mais il me faut cependant, dans l'intérêt même de mon sujet, m'étendre sur cette question et rechercher si les causes de mort ne seraient pas multiples, et si parmi elles un certain nombre ne seraient pas du ressort de l'âge même du malade.

Au début de la découverte du chloroforme, dans la période même d'engouement qui lui succéda, survint un cas de mort pendant les inhalations anesthésiques.

C'était le 10 décembre 1847, que Simpson communiquait à la Société de médecine d'Edimbourg le résultat de ses recherches, qui l'amenaient à reconnaître la puissance et l'avantage du nouvel agent, et le 28 janvier 1848, une femme dont le nom a été conservé, Hannah Green, tombait subitement frappée, alors qu'on lui administrait le chloroforme.

D'autres morts également subites et survenues dans des conditions analogues furent bientôt constatées, et dans toutes on notait que les inhalations avaient été de courte durée et que la quantité de chloroforme employée avait été très-faible.

Les chirurgiens s'émurent, et les physiologistes s'occupèrent de rechercher les causes qui avaient pu déterminer la mort.

La marche de l'esprit humain a été dans ces circonstances ce que toujours elle est. En présence de l'inconnu, la première pensée qui vienne vous frapper est d'invoquer le mystérieux, l'extraordinaire, et tout d'abord on attribua la mort à une action mystérieuse de l'agent. Cette explication, à peine suffisante à une époque ignorante et reculée, ne pouvait satisfaire aujourd'hui, et, la science aidant, le problème va pénétrer dans le domaine de la physiologie pure, sans que cela soit une raison pour que la solution en puisse être trouvée. On ne pouvait guère s'appuyer sur la grande quantité de chloroforme absorbée, les doses en avaient été si faibles! Une trentaine de gouttes, tout au plus! L'empoisonnement a cependant été invoqué.

Il est évident que le chloroforme peut être considéré jusqu'à un certain point comme agent toxique, et qu'à hautes doses il détermine la mort. M. Gosselin, dans ce but, a soumis des animaux au chloroforme, et chacun sait que, dans les laboratoires de physiologie, on répète souvent les expériences et qu'on parvient à tuer des chiens adultes et vigoureux. Mais *il faut le faire exprès*. Il faut leur donner une dose considérable de chloroforme, et je ne puis admettre cette cause comme sérieuse quand il s'agit d'accidents mortels survenus entre les mains des chirurgiens les plus expérimentés et dans les conditions de la plus scrupuleuse sagesse.

Une modification chimique du sang, sous l'influence de l'absorption chloroformique, a été aussi mise en avant, et Jackson a étayé toute une théorie sur ce seul fait qu'il a trouvé de l'acide formique dans le sang d'un individu mort par le chloroforme. Il n'y a là qu'un malheur, c'est que les recherches toutes récentes faites par Lallemand, M. Perrin, etc., démontrent dans le sang la présence du chloroforme pur et l'absence absolue d'acide formique!

Il fallut donc chercher ailleurs une cause qui fût valable. C'est alors que l'on constata l'état final, qui pour les uns va être de l'asphyxie, pour d'autres de la syncope, pour d'autres, enfin, éclectiques ceux-là! à la fois de l'asphyxie et de la syncope. Nous allons passer rapidement en revue les diverses hypothèses pour savoir à laquelle il est le plus sage de se rattacher; mais il faut convenir avant tout que chacune d'elles se prête, à des degrés différents, à des objections souvent sérieuses. Aussi verrons-nous des esprits sages, comme Robert par exemple, se jeter, en désespoir de cause, dans l'idée d'une idiosyncrasie spéciale, s'illusionnant et lâchant, pour ainsi dire, « la proie pour l'ombre. »

De prime abord, l'hypothèse d'une asphyxie accidentelle a sa raison d'être. L'asphyxie est l'état pathologique du sang, qui résulte d'une oxygénation insuffisante de ce liquide, entraînant bientôt la suspension des fonctions du cerveau, des poumons et du cœur, l'arrêt suprême de cet organe constituant le terme constant de l'asphyxie. Et si nous prenons la dernière définition de l'asphyxie, celle que nous lisons dans l'article de M. Paul Bert, nous voyons que l'asphyxie est un ensemble de phénomènes morbides ou mortels, consécutifs à la diminution ou à la suppression de l'absorption de l'oxygène par le sang, tandis que ce liquide continue à circuler librement dans les vaisseaux sans autres altérations que celles dues à une hématose incomplète.

Or bien des causes dans les inhalations de chloroforme entravent l'oxygénation du sang.

Snow en particulier a institué à ce sujet des expériences nombreuses et a démontré qu'une

atmosphère trop chargée de vapeurs anesthésiques déterminait la mort. Mais dans les expériences de Snow la proportion était au minimum de
5 à 6 p. 100. On ne retrouve plus les mêmes conditions dans les cas où l'anesthésie a été mortelle et
où cependant le malade respirait à l'air libre et
n'absorbait point par conséquent un fluide chargé
d'une aussi forte quantité de vapeurs de chloroforme. On n'est pas là non plus dans des conditions
analogues à celles où se plaçait Claude Bernard
lorsqu'il disait en 1850, au Collége de France : « Si
l'on expérimente sur les animaux par une pratique
brusque, c'est-à-dire, si l'on fait respirer une quantité considérable de vapeurs de chloroforme, le sang
artériel devient noir presque instantanément. Cet
état est appelé *anesthésie suffocante.* »

MM. Devergie, Black et Hergott, partisans, eux
aussi, de l'asphyxie, cherchent à l'expliquer, non
plus par l'action du chloroforme lui-même, mais par
des causes mécaniques, par une contraction de la
glotte qui ferme cet orifice pendant la période de
spasme et par l'application de la langue entre la
paroi postérieure du larynx, application qui s'accompagne d'un abaissement du maxillaire infé-
rieur, et qui est due à une flaccidité des muscles
génio-glosses.

Malgré l'opposition que MM. Perrin et Lach ont
cru devoir faire à cette dernière hypothèse, je crois
avec M. Giraldès qu'il est bon de la tenir en sérieuse

considération, et dans les hôpitaux, nos maîtres nous enseignent toujours à nous munir d'une pince toute préparée pour saisir la langue et la ramener sous les arcades dentaires, si elle avait tendance à s'abaisser et à aller former avec l'épiglotte une véritable soupape qui obstrue le larynx.

Enfin MM. Demarquay et Bouisson appellent l'attention sur ce fait d'observation clinique, que chez certains sujets le chloroforme provoque de la salivation et une sorte d'hypersécrétion muqueuse qui remplit une partie de l'arbre bronchique. Or il arrive un moment où la muqueuse des bronches et de la trachée, se trouvant anesthésiée, par le fait même du but que l'on se propose, le besoin d'expectorer et de cracher ne se fait plus sentir, et la respiration va s'embarrasser de plus en plus et devenir stertoreuse.

Cette cause a sa valeur comme celle qui la précède, mais toutes les deux expliquent bien certains accidents, et non pas cette mort rapide, brusque, subite, dont nous recherchons encore le mécanisme. Toutes deux peuvent, jusqu'à un certain point, ne pas être à redouter si l'on observe avec soin les phénomènes de la respiration pendant tout le temps que dure l'administration du chloroforme.

A toutes ces raisons, qui ont cependant bien leur valeur, nous ajouterons une dernière considération qui suffira, je le présume, pour faire rejeter l'asphyxie comme étant ici la cause de la mort. L'asphyxie constitue un état étudié, approfondi par les physiologistes, qui a sa marche réglée pour ainsi dire, et dont les stades sont nettement précisés. Comme le dernier de ces stades, les savants qui ont porté leur attention sur cette étude ont constamment indiqué l'arrêt des mouvements du cœur, et l'on n'a qu'à se reporter aux travaux les plus récents publiés par M. Paul Bert, pour y trouver ce fait relaté. Depuis quelque temps déjà la respiration a cessé, que l'on constate encore l'existence des battements du cœur. La cessation de ces battements a en effet une cause physiologique qu'il me faut tout au moins énoncer, car en elle réside une des difficultés que les théoriciens se sont efforcés d'opposer aux idées sur lesquelles l'expérimentation, et je dirai même la clinique, nous permettaient de prendre un pont d'appui. Il est vrai que le système nerveux influence le cœur, mais le principe des contractions de cet organe possède une indépendance réelle, car il est notoire que, chez l'embryon, alors qu'il n'y a pas encore de système nerveux, le cœur se contracte, et cela d'une façon rhythmique. Ce n'est donc pas dans une altération du système nerveux qu'il faut rechercher la solution de ce problème. Ce qu'il faut invoquer, c'est une altération du sang, et la meilleure chose que l'on puisse faire, c'est d'admettre comme vraie la théorie de Bichat, d'après laquelle le sang noir imprègne le tissu du cœur et exerce sur lui une action délétère. L'acide carbonique est un véritable stupéfiant du cœur, mais un stupéfiant par excitation exagérée. De tout ce que je viens de dire, il existe une preuve des plus éloquentes : Il suffit d'exposer à l'air libre un cœur soumis à l'influence de l'acide carbonique et dont les battements viennent de cesser, pour voir bientôt la fibre cardiaque récupérer tous ses droits.

Et, en outre, pour que l'anatomie pathologique vienne fournir, elle aussi, son tribut à la solution d'une question si importante, je dois dire que l'on a trouvé à l'autopsie, à l'exception de deux cas, le sang avec sa coloration normale ; que les cavités cardiaques et aussi le système veineux central se trouvaient absolument vides et n'étaient point gorgés de ces masses de sang noir formées en coagulum, molles et visqueuses, ainsi que cela arrive dans les cas d'asphyxie. En présence de ces signes fournis par l'examen cadavérique et établis d'une façon scrupuleuse et impartiale, il devenait impossible de décorer du nom d'asphyxie l'état qui leur avait donné naissance ; et si, dans quelques cas, où l'on a noté une rougeur diffuse de la muqueuse des bronches et de la trachée, de la congestion pulmonaire, etc., il y a pu avoir doute un instant ; ce doute a bientôt été levé, car la justification et l'explication de tous ces signes se trouvaient dans les convulsions si violentes qui accompagnent presque toujours la période d'excitation.

Nous arrivons à un autre ordre d'idées, et nous

allons voir s'il ne nous sera pas possible de retrouver dans la syncope la solution du problème que nous nous sommes posé.

Recherchons tout d'abord si le chloroforme peut avoir une influence sur les mouvements du cœur.

Robert admettait que le chloroforme affaiblit la force contractile du cœur et exerce sur cet organe une action hyposthénisante qui prédispose à la syncope, qui fournit à celle-ci une gravité spéciale et qui peut enfin déterminer la mort par une véritable sidération, en paralysant subitement les mouvements de l'organe central de la circulation.

Ces idées se trouvent exprimées dans le rapport de Denonvillers, qui croit que le chloroforme agit directement sur le cœur dont il fait arrêter instantanément et complètement les contractions, et M. Jules Guérin, dans la *Gazette médicale*, écrit en 1853 que la mort peut arriver par une sorte de sidération.

Bien avant eux, du reste, Snow avait conclu, de ses expériences relatées plus haut, que le chloroforme charrié par le sang agissait directement sur les parois du cœur et en paralysait l'action. Je ne répéterai pas les objections que j'ai déjà élevées contre la théorie de l'asphyxie et qui pourraient être ici renouvelées, celle-ci surtout que, dans les observations, on a toujours noté la continuation des battements du cœur après l'abolition de la respiration ; je me contenterai de signaler que les auteurs de la théorie de la syncope sont forcés, pour expliquer certains faits, sinon le plus grand nombre, de se retrancher derrière ce grand mot, Idiosyncrasie, mot vide de sens et qui devrait être rayé du langage scientifique à une époque telle que la nôtre.

« Il faut donc admettre la susceptibilité individuelle ! » s'écrie Robert après la relation de quelques observations qui l'embarrassent.

« Le chloroforme à petites doses peut devenir mortel pour certaines personnes, en vertu de dispositions particulières, » écrit M. Jules Guérin dans son journal, la *Gazette médicale*.

« Susceptibilité particulière des individus, d'ailleurs inconnue dans sa nature, » dit Denonvilliers dans son rapport à l'Académie de médecine.

Mais voyez en outre, combien ce mot d'Idiosyncrasie, si élastique qu'il puisse être, les satisfait peu ! Il faut l'élargir encore si cela est possible et admettre, pour être logique, que cette idiosyncrasie est en outre temporaire, car des observations sont là qui disent que l'on a vu succomber à une seconde chloroformisation des individus qui en avaient bien supporté une auparavant !

Et alors une question bien plus grave que toutes les autres se dresse devant le chirurgien, du moment où l'on admet cette idée vague de l'Idiosyncrasie.

Si le chloroforme a une action assez puissante pour suspendre subitement ses fonctions après trois ou quatre inhalations, et si cette action, cet *ictus*,

n'a pas d'autre explication qu' une susceptibilité individuelle, alors c'est un crime de l'employer; le
médecin doit y renoncer et le proscrire à jamais de
la pratique chirurgicale !

Heureusement qu'il n'en n'est pas ainsi, et que
l'ostracisme ne sera pas encore prononcé contre un
agent thérapeutique qui a rendu tant de signalés
services.

Pour la clinique, qui, ici, seule est sérieuse et seule
a le droit de parler en dernier ressort, le chloroforme n'a aucune action directe sur le cœur. Il n'est
pas comme la digitale, le vératrum, etc., et tant
d'autres, un médicament cardiaque; car, administré
à la dose de 1 kilogramme en 18 heures, il a laissé
à la circulation sa parfaite régularité; les observations obstétricales sont là pour le démontrer. Je me
contente de mettre à mon profit le résultat de ces
statistiques, si probant en Angleterre, en Amérique,
et qui ont permis à Simpson d'écrire dans une lettre
qu'il adresse au docteur Kidd : « Je serai aussi étonné
d'entendre parler à Edimbourg d'une femme accou-
chée par le forceps et la version, sans l'emploi du
chloroforme, que d'une amputation et d'une litho-
tritie ou de toute autre opération chirurgicale dans
laquelle le malade n'aurait pas été chloroformé. J'ai
donné le chloroforme à toutes les femmes en travail,
à quelques exceptions près, depuis l'année 1847. » Et
plus loin : « A un point de vue moral, le refus de
soulager une femme en couches des douleurs de

l'enfantement, me semble être une pénible et terrible responsabilité pour un homme qui exerce une profession aussi sacrée que celle de la médecine. »

Et tout cela est valable et bien valable pour nous, et lorsque nous lisons de telles phrases sorties de la plume d'un chirurgien aussi compétent, cela doit donner sérieusement à réfléchir, et, sans nous demander pourquoi dans notre pays les accoucheurs n'imitent pas cet exemple, cela nous engage à poursuivre le but que nous nous sommes proposé.

Que l'on nous pardonne donc cette digression dans le domaine de la science obstétricale et revenons au sujet qui nous occupe particulièrement.

Oui dans certains cas, pendant que durent les inhalations du chloroforme, il y a syncope, en tant que le terme suprème dans le cas de mort survenue pendant le cours de l'anesthésie soit l'arrêt des mouvements cardiaques, fait indéniable ; mais cette suppression n'est jamais le résultat de l'action directe du chloroforme sur l'organe ; cette syncope n'est pas directement obtenue ; elle n'est que la conséquence d'une modification du système nerveux et ne se manifeste que si le bulbe est envahi, ainsi que cela découle des belles expériences de Serres, de Flourens et de Longet, expériences que j'ai rapportées dans le chapitre précédent, et sur lesquelles je n'ai pas à revenir.

En fin de compte, la mort qui survient brusquement, subitement, chez des individus que l'on soumet à l'inhalation chloroformique, ne peut être attribuée ni à l'asphyxie ni à la syncope essentielle. La discussion le prouve surabondamment et pour l'expliquer, je ne vois guère à invoquer que l'apnée, c'est-à-dire l'absence de respiration, par suite du défaut d'excitation des mouvements réflexes, l'apnée, théorie avancée par Kidd et qui repond aux phénomènes constatés dans toutes les observations, en même temps qu'elle a pour elle d'expliquer d'une manière satisfaisante, sinon absolument irréfutable, les cas de mort subite pendant la chloroformisation.

Mais l'apnée, c'est précisément aussi la cause à laquelle on rapporte le plus grand nombre de ces morts subites survenues sans cause apparente, à la suite d'une grande terreur ou d'une émotion extrème, st si l'on veut faire attention que le chloroforme a été employé un très-grand nombre de fois, dans deux millions de cas, on arrive à cetle consolante conclusion que les accidents observés jusqu'à ce jour et qui montent à cent cinquante à peu près, ne dépassent pas de beaucoup les cas de mort subite survenue sans cause apparente, au moment d'une opération ou peu de temps après, et sans que l'anesthésie y soit alors pour rien.

Je ne vais pas, toutefois, aussi loin que pourrait le faire croire ce que je viens d'écrire, et je me défends de partager les illusions de ceux qui croient le chloroforme entièrement indemne de tout reproche ; mais il me faut reconnaître que des causes multiples interviennent pour déterminer cette apnée, dont nous avons fait en dernier ressort et par voie d'exclusion, l'explication la plus nette de la mort subite. Ces causes, je me contenterai de les énumérer, car bientôt én montrant qu'elles n'existent pas chez l'enfant, j'en profiterai pour établir cette fois l'innocuité du chloroforme appliqué à la pathologie spéciale de l'enfance.

Elles sont ainsi définies dans le *Traité d'anesthésie* de Lallemand et Perrin :

1° Affections organiques préexistantes ;

2° Etat nerveux, Emotion ;

3° Abus de boissons alcooliques ;

4° Intervention de chirurgie.

J'en excepte à dessein la replétion de l'estomac, la station verticale ou assise et la mauvaise direction des inhalations, dont la discussion rentre dans l'étude des règles générales de l'anesthésie. Car en fait, l'anesthésie ne doit être pratiquée que par un chirurgien ou un homme de l'art, et je n'en sache pas pour qui ces notions primordiales puissent demeurer inconnues.

VI

J'aborde maintenant le passage de ma thèse dans lequel il me faut établir que l'administration du chloroforme peut être pratiquée impunément chez les enfants, à condition, bien entendu, qu'on ne s'écarte pas des règles qui doivent présider à toute anesthésie, et que cet agent, nuisible jusqu'à un certain point chez l'adulte, est d'une innocuité presque absolue chez l'enfant.

Il m'était indispensable de m'étendre longuement, ainsi que je l'ai fait, sur la discussion des accidents relevés à la charge du chloroforme. Ma tâche en est rendue plus facile, et il me suffira maintenant de montrer que l'enfant ne se trouve pas dans les mêmes conditions morales et physiques que l'adulte, pour faire comprendre que l'administration du chloroforme ne doit pas être redoutée pour lui.

Ceux-là même qui, ne partageant pas l'opinion que je soutiens, ont été compulser les auteurs pour constituer une nécrologie du chloroforme (et cela dans un but louable et honnête), ceux-là, dis-je, sont forcés d'avouer, ainsi que l'a fait M. Bouvier, que l'action du chloroforme chez l'enfant « est en général caractérisée par la simplicité, la régularité des phénomènes et la promptitude avec laquelle ils se produisent, une fois que la résistance et les cris ont cessé. »

Il est, en effet, hors de discussion que dans l'enfance, la pratique du chloroforme est débarrassée de ces complications, de cette série de phénomènes imprévus que l'on rencontre chez l'adulte, et l'expérience des chirurgiens qui s'occupent spécialement des enfants le prouve surabondamment. L'innocuité du chloroforme à cette période de la vie est écrite dans leurs livres ; elle est exprimée journellement dans leurs cliniques, et l'on n'a qu'à suivre pendant un certain temps un service dans un hôpital d'enfants, quel que soit le chirurgien qui le dirige, pour en être convaincu.

Mais il ne suffit pas d'affirmer un fait, il faut encore l'établir sur des bases rigoureuses. Aussi, nous engageant dans la même voie que nous avons déjà suivie à propos de la discussion sur le chloroforme, nous appellerons à notre aide et la physiologie et la clinique, qui nous permettront de répondre victorieusement aux objections que l'on pourrait nous poser.

L'enfant est placé par la nature même des fonctions qu'il a à remplir dans des conditions exceptionnelles qu'il ne faut jamais perdre de vue et dont on doit toujours tenir compte chaque fois que l'intervention chirurgicale est nécessaire. L'activité du mouvement de nutrition est tout d'abord le caractère physiologique le plus général et celui qui domine, pour ainsi dire, toute la pathologie de l'enfance.

« La vie marche avec d'autant plus de rapidité qu'on se rapproche de la naissance.

Cette loi établie par Carus, embrassant toutes les phases de la vie et s'adressant à chacun des éléments qui composent l'individu, explique la rapidité redoutable avec laquelle marchent les maladies qui s'abattent sur l'enfant. Elle a effrayé bon nombre de chirurgiens qui, au point de vue spécial de l'action

des anesthésiques, se basant sur ce fait indéniable
que les enfants sont extrêmement sensibles à l'influence des agents toxiques, se sont refusés à les faire
participer aux bienfaits de la chloroformisation.

Mais, outre que le chloroforme n'est pas un
agent toxique proprement dit, ou qu'il ne l'est qu'à
des doses exagérées, il ne faut pas oublier, d'autre
part, que cette même loi établie par Carus permet
tout aussi bien de comprendre la promptitude avec
laquelle disparaissent, chez l'enfant, les accidents
qui semblaient les plus redoutables.

Les mêmes phénomènes physiologiques qui expliquent la rapidité effrayante avec laquelle marchent les maladies du premier âge, donnent également la clef de cette détente brusque, rapide, sou-
daine, qui survient chez ces petits êtres et frappe
d'étonnement les personnes étrangères à la science.

Ce qui est vrai en pathologie doit être admis
pour ce qui regarde l'anesthésie qui n'est, somme
toute, qu'un état pathologique artificiel, et il nous
est dès lors permis de nous servir de ces données
cliniques pour le besoin de notre cause.

La circulation de l'enfant est plus précipitée
que celle de l'adulte. Sans dire avec Haller, Sœmme-
ring, Trousseau, etc., que dans la première année
elle atteigne le chiffre de 130 à 140 pulsations, il
faut convenir que jamais elle ne descend au-
dessous de 100 pulsations. Ce chiffre minimum est
celui sur lequel s'accordent MM. Jules Bergeron,

Roger, etc., dont l'expérience ne saurait être mise en doute. A cette accélération de la circulation correspond une augmentation des mouvements respiratoires. Ces deux fonctions, comme chez l'adulte, marchent en effet de pair, et tandis que chez ce dernier ces mouvements sont de 16 à 18 par minute et ne dépassent pas ce chiffre à moins d'état pathologique, chez l'enfant il montait jusqu'à 30 ou 40 dans le même laps de temps. Mais avant que de tirer de ces observations, les conclusions qui me sont nécessaires, je dois ajouter que la température propre de l'enfant ne s'élève pas au-dessus de 37 degrés et se trouve être la même que chez l'adulte.

Cela frappe au premier abord et l'on est porté à se demander pourquoi un accroissement de la température propre ne vient pas correspondre à une accélération aussi considérable dans les mouvements de la circulation et de la respiration.

Il en est une raison que van Marum a fait découler des observations qu'il a recueillies sur des petits sujets de 6 à 7 ans. C'est que chez l'enfant la perspiration cutanée et pulmonaire est relativement plus considérable que chez l'adulte, ce qui établit une sorte d'équilibre entre les différentes fonctions.

Ces données, qui prennent à la fois leur point d'appui et sur la physiologie et sur la clinique, constituent un élément en faveur de l'innocuité du chloroforme chez l'enfant. Nous avons vu, en effet, en traçant le tableau des phénomènes que comporte

l'anesthésie, que les vapeurs chloroformiques absorbées par les capillaires du poumon passaient dans
le torrent circulatoire et se trouvaient lancées vers les
centres nerveux ; mais nous avons ajouté que ce
n'est pas toute la quantité de ces vapeurs qui va
agir sur le principe même de l'activité nerveuse et
qu'une certaine partie va être rejetée par l'expiration. Ce balancement entre l'inhalation et l'exhalation existe tout aussi bien chez l'enfant que chez
l'adulte et si le chloroforme est plus vite absorbé
chez l'enfant, grâce à la rapidité dont se trouve
animé le torrent circulatoire, une plus grande quantité de vapeurs anesthésiques va aussi s'échapper
de l'organisme par voie d'exhalation, avant qu'elles
aient eu le temps d'altérer profondement le système
nerveux.

C'est ce qui explique précisément la facilité avec
laquelle l'enfant s'endort après quelques inhalations.
Le centre nerveux est frappé rapidement et point
n'est besoin dès lors de continuer plus longtemps
l'administration du chloroforme. On n'a donc pas à
charger davantage le courant sanguin de vapeurs
anesthésiques et les accidents qni résultent de cette
surcharge ne sont plus à redouter, d'autant mieux
que les expirations fréquentes de l'enfant ont pour
rôle de débarrasser l'économie.

Mais ce n'est pas la seule cause qu'il faille alléguer. Il en est une autre qui, selon moi, doit occuper le premier rang. L'enfant n'a aucune notion du

danger. Il n'a pas encore conquis l'âge de raison. Rien ne l'effraye, et d'émotion il n'en connait pas encore. Il vit d'une vie presque végétative. Il fonctionne, si je puis ainsi parler, et ce n'est que plus tard alors que ses facultés intellectuelles se seront développées, et que, s'aidant de la mémoire et du raisonnement, les plus beaux apanages de la nature humaine, il commencera à discuter la valeur de ces dangers qui naguère lui étaient inconnus et dont il n'avait pas à s'effrayer, ce n'est dis-je, qu'à partir de ce moment que l'appréhension des périls auxquels il peut être exposé va s'emparer de son esprit, et le placer dans les conditions où nous trouvons les adultes que nous soumettons aux inhalations du chloroforme et pour lesquels nous redoutons l'action de cet agent.

C'est ce qui a permis à M. Perrin de dire que l'immunité enfantine se limitait naturellement à l'époque où l'enfant commence à devenir raisonnable.

Je veux bien que cette raison étant purement psychique, puisse être discutée et soumise à une critique sévère, mais l'expérience clinique est là qui l'étaye d'une solide manière.

Nous avons, quelques pages plus haut, discuté avec soin les causes auxquelles on pouvait attribuer la mort par le chloroforme, et en fait, par voie d'exclusion, nous nous sommes rabattus sur l'apnée; or, chez l'enfant, par cela même qu'il n'est pas raisonnable, l'apnée n'est point à redouter puisqu'elle-même se trouve précisément déterminée par une grande terreur, ou une émotion extrème ; et tous ceux qui ont quelque expérience de la pathologie de l'enfance peuvent affirmer avec moi que le chloroforme est administré à ces petits êtres, comme en riant. On cause avec eux pour les distraire, et, tout en causant, on approche d'eux la compresse imbibée de chloroforme, l'odeur leur plait, elle est fraîche, elle est agréable ; aussi la respirent-ils facilement.

L'absorption se fait et bientôt tout est dit ; l'enfant sommeille.

Je sens qu'on peut me faire ici cette objection : que dans les cas d'avulsion de dents, par exemple, on ne saurait en vérité alléguer ni l'appréhension de l'opération, ni la terreur qu'inspire la vue des instruments, ce cortège terrifiant, dont s'accompagnent les grandes opérations, etc., etc., et que cependant ils contribuent pour une bonne part à former la nécrologie du chloroforme.

Mais à cela je répondrai qu'il faut être bien pusillanime pour redouter la douleur que détermine l'avulsion d'une dent, et que, chez de pareils sujets, l'apnée peut être provoquée par une appréhension qui, pour d'autres paraît futile, et qui, pour eux grandit, grandit et prend les proportions de la crainte et de la terreur.

Et ensuite j'arguerai de l'inhabileté des dentistes, dont bien peu sont médecins, à manier le chloroforme, de leur manque de prudence qui, dans presque tous les cas où il y a eu enquête, a été nettement prouvé.

C'est donc à l'infériorité intellectuelle dans laquelle se trouvent les enfants et qui, pour eux, constitue une sorte de privilége que l'on doit rapporter pour une bonne part l'innocuité presque absolue dont ils jouissent.

Mais il est cependant un autre ordre de causes dont il me faut parler et qui ne laisse pas que d'avoir une grande importance.

Tout le monde sait, en effet, qu'il est dans l'âge adulte des modalités pathologiques qui forment toute une série de contre-indications sérieuses pour ne pas dire formelles, dont chaque jour on tient compte davantage : les affections pulmonaires chroniques, les cardiopathies, les dégénérescences graisseuses du cœur, etc., quand elles se rencontrent chez les malades que l'on doit opérer et que l'on voudrait faire participer aux bienfaits de l'anesthésie, font précisément repousser toute idée d'administration de chloroforme. Les lésions qui frappent et l'organe de la respiration et le moteur central de la circulation doivent toujours être à redouter; et lorsqu'il faut passer outre, c'est avec la plus grande réserve que l'on doit procéder. Aussi la conduite de nos maîtres est-elle sage quand nous les voyons examiner avec soin l'état du cœur et des poumons, avant que de procéder aux premières inhalations anesthésiques.

Or, chez les enfants nous n'avons pas à redouter pareille chose. Ils se trouvent à l'abri de ces complications ; l'état de chronicité n'a pas eu le temps chez eux de s'établir. Et si nous prenons pour exemple les maladies de cœur, nous verrons que jamais chez l'enfant les cardiopathies ne présentent cet ensemble de désordres circulatoires que l'on constate chez l'adulte ; que chez l'enfant, la facilité avec laquelle circule le sang dans les artères et dans les capillaires supplée à la faiblesse atonique du cœur, quand elle existe, et prévient de la sorte l'accumulation du sang dans le système veineux, et la rupture d'équilibre entre les pressions respectives du sang dans les artères et dans les veines, qui forme, lorsqu'elle se combine avec l'action désordonnée du cœur, le phénomène de physiologie pathologique le plus net, le plus caractéristique des cardiopathies chez l'adulte.

Ces particularités se trouvent du reste parfaitement exposées dans la thèse de mon ami le Dr Réné Blache.

En somme, les renseignements de la physiologie et les observations pathologiques se trouvent d'accord pour nous permettre de constater et d'établir que, dans l'enfance, il n'y a pour ainsi dire rien à redouter de l'administration méthodique du chloroforme, et je répèterai que la pratique des hopitaux d'enfants vient les corroborer.

Il est cependant des cas dans lesquels le chloro-

forme a été mis en cause. En 1866, M. Bouvier est
venu porter la relation de ces faits devant la Société
de chirurgie, et l'année suivante il dressait, dans le
Bulletin de therapeutique médicale et chirurgicale
du mois d'août, une sorte d'acte d'accusation contre
lequel s'élève M. Giraldès dans ses leçons cliniques.

Les cinq observations rapportées par M. Bouvier
sont loin d'être en effet exemptes de toute critique.
Des hémorrhagies relativement considérables ont
été notées dans trois d'entre elles, et dans une qua-
trième la respiration artificielle par la faradisation
du diaphragme et la compression méthodique de
l'abdomen rappelèrent à la vie le petit enfant âgé de
quatre ans.

Il ne reste donc que la cinquième, dans laquelle
il soit permis, de prime abord, de ne faire intervenir
que le chloroforme comme cause de la mort. Et cependant il est dans cette observation, recueillie à
Berlin en 1865, des passages qui doivent laisser
des doutes dans l'esprit. Il y est dit en effet, que le
sommeil vient rapidement et que la quantité de
chloroforme employée fut moindre qu'il n'en faut
généralement pour les enfants de cet âge (quatre
ans et trois mois). C'était pour un simple cathété-
risme que l'on avait procédé à l'anesthésie, et on lit
cette phrase : « Il se passa deux à trois minutes
entre les dernières inhalations du chloroforme et le
moment où la sonde fut introduite ; et dans cet inter-

valle, pendant lequel le petit malade ne respirait que de l'air pur, la respiration et le pouls qu'on surveillait attentivement restèrent dans un état parfaitement normal. » Ce fut au moment où la sonde pénétra dans la vessie que la respiration s'arrêta, et malgré les efforts auxquels on dut se livrer, l'enfant ne tarda pas à succomber.

J'avoue que j'ai de la peine à admettre que le chloroforme ait ici déterminé la mort ; d'autant mieux que les données de l'autopsie manquent totalement, et que là pouvait être l'explication de la mort.

Toutefois je ne veux pas être exclusif et je crois que je le serais si j'affirmais l'immunité absolue du chloroforme chez l'enfant.

Je fais donc une réserve, et je dis que l'innocuité presque absolue du chloroforme dans la thérapeutique chirurgicale de l'enfance permet de donner cet agent si puissant et si utile, sans avoir à redouter les accidents qui peuvent effrayer dans la pratique de la chirurgie des adultes.

Car, en fait, ces observations invoquées à l'appui de leur thèse par ceux qui, comme M. Bouvier, avancent que l'administration du chloroforme doit être proscrite dans la première enfance, sont tout d'abord en nombre infiniment petit, et ensuite, ainsi que nous venons de le voir, bien peu probants ; comme si l'on voulait aussi mettre sur le compte des anesthésiques ce fait que je trouve relaté dans la *Gazette médicale de Toulouse* de 1853 :

« Un enfant nouveau-né est opéré d'un bec de lièvre simple. On employa, pour favoriser la réunion, une bandelette de linge imbibée de collodion. A peine la bandelette fut-elle appliquée sur la lèvre supérieure que l'enfant tomba aussitôt dans un sommeil profond, accompagné d'insensibilité et d'imminence de syncope. On le plaça aussitôt dans un courant d'air frais et une minute après les accidents avaient disparu. »

C'est pourquoi nous n'hésitons pas à partager l'opinion de M. Giraldès et à suivre l'exemple que Guersant, un des premiers, a donné, ainsi que l'ont fait du reste tous les chirurgiens auxquels ont été confiés des services dans les hôpitaux d'enfants, sans que jusqu'à ce jour aucun accident sérieux ait été constaté. Nous n'oserions pas cependant aller aussi loin que le fait M. Giraldès, qui confessant que M. Bouvier ne peut avoir aucune expérience en cette matière, rejette les craintes qu'il exprime à l'endroit du chloroforme et ne les prend pas en considération.

Il est maintenant une question qui se présente à l'esprit et à laquelle il faut donner une solution.

A partir de quelle époque peut-on donner le chloroforme à un enfant?

La plupart des chirurgiens, je ne crains pas de le dire, hésitent à donner le chloroforme dans la première enfance et mettent, comme terme extrême, une année écoulée.

Mais des faits probants sont encore là qui prouvent que le chloroforme peut être administré à l'enfant dès les premiers jours après la naissance. Il est en effet une maladie qui frappe impitoyablement les enfants nouveau-nés recueillis dans les hôpitaux spéciaux et, par sa gravité, fournit une mortalité réellement effrayante; c'est l'ophthalmie purulente. Or rien n'est difficile comme de constater les lésions dues à la maladie. Tout échoue devant les contractions de ces petits êtres dont il est impossible souvent d'ouvrir les yeux. On ne peut se rendre compte jusqu'où s'étendent les altérations de cette affection si grave, ni à plus forte raison y remédier, en entraver la marche, en portant des topiques sur le globe oculaire. Aussi M. Guersant n'a-t-il jamais hésité à endormir les petits malades. C'est même à propos de l'ophthalmie purulente des nouveau-nés que M. Giraldès, reconnaissant les immenses services que rend le chloroforme, s'élève avec énergie contre la publication de M. Bouvier qui, dit-il, loin d'avoir rendu un service à la pratique médicale, contribuera à retarder un progrès.

C'est dans bien d'autres cas que nous avons vu les chirurgiens d'hôpitaux d'enfants employer le chloroforme chez les nouveau-nés, et pour ne citer qu'un exemple qui porte avec lui son enseignement dans un autre ordre d'idées, on endort les enfants atteints de bec de lièvre pour leur faire une opération que la plupart des chirurgiens, obéissant en cela à la pratique de Paul Dubois, et repoussant les opinions émises par Michon, dans une discussion à la Société de chirurgie, pratiquent aujourd'hui dès les premières séances.

Plus tard le chloroforme est administré chaque fois que l'on a à redouter les mouvements brusques de l'enfant qui peuvent empêcher le chirurgien de mener à bien son opération, ou de réunir tous les éléments de diagnostic. A plus forte raison doit-on procéder à l'anesthésie dans le but d'épargner au petit malade la douleur qui, malheureusement, n'accompagne que trop souvent l'intervention chirurgicale.

Je ne crois pas qu'il puisse rentrer dans le cadre restreint que je me suis tracé de déterminer tous les cas dans lesquels est indiquée l'administration du chloroforme. Ce serait une énumération fastidieuse. Je dois donc me contenter de ces notions générales qui se trouvent du reste légitimées par l'innocuité du chloroforme chez l'enfant, innocuité dont je me suis efforcé de rechercher la raison d'être et qui, sans que je dise qu'elle soit absolue, est cependant d'une évidence telle qu'on ne peut s'empêcher de la reconnaître.

Il me faut toutefois avouer qu'il y a certaines contre-indications auxquelles l'enfant n'a pas le privilége d'échapper, mais sur lesquelles je serai bref, car elles ressortent plutôt de l'histoire générale de l'anesthésie.

On ne devra jamais endormir un enfant anémié ou ayant perdu, par hémorrhagie, une grande quantité de sang, et l'emploi du chloroforme sera proscrit chaque fois qu'il faudra opérer dans l'intérieur de la bouche, sur les amygdales, sur le voile du palais ; en un mot, toutes les fois que l'instrument fera couler du sang dans l'intérieur des voies aériennes dont la muqueuse insensibilisée sera incapable de réagir.

Quelle est la meilleure manière d'administrer le chloroforme aux enfants, et quels sont les moyens auxquels on doit avoir recours pour rappeler le petit malade à la vie s'il survenait une syncope ou tout autre accident qui pût faire redouter une terminaison fatale ?

Je passerai rapidement sur ces deux points, car c'est encore dans les traités de l'anesthésie en général qu'on les retrouvera décrits et discutés avec soin, les règles si bien et si nettement établies par mes maîtres se trouvant les mêmes pour l'adulte et pour l'enfant.

Quant à moi, d'après l'enseignement que j'ai reçu, je crois qu'il est préférable de se servir d'une compresse ou d'un mouchoir plié en quatre que l'on imbibe de chloroforme, et c'est peu à peu, progressivement, qu'on le rapproche des narines de l'enfant, évitant de le surprendre et de déterminer des phénomènes de suffocation dont il est toujours bon de se garder. On peut, de la sorte, remplir toutes les conditions qu'exige l'administration du chloroforme :

1° Il faut que la respiration soit toujours libre et se fasse le plus largement possible, c'est-à-dire qu'il faut utiliser le nez et la bouche pour le passage de l'air.

2° Il faut que l'on puisse graduer à volonté la concentration des vapeurs anesthésiques, résultat que l'on obtient en éloignant ou rapprochant la compresse.

3° Enfin il faut que ces vapeurs soient mélangées dans une certaine proportion avec l'air atmosphérique.

Quant aux inhalations proprement dites, elles ne sauraient êtres faites d'une manière continue. L'intermittence est en cela une règle dont on ne saurait se départir, et il est bon de suivre l'exemple de M. le professeur Gosselin, qui ne se borne pas à interrompre momentanément dès qu'un trouble survient, mais suspend de temps en temps, alors même que les phases se succèdent régulièrement.

« En laissant à l'agent anesthésique le temps de se répartir dans tout le torrent circulatoire, on laisse aux organes celui de s'habituer à son contact. Beaucoup de personnes ont l'habitude de laisser leur appareil en place tout le temps nécessaire pour que l'insensibilité soit obtenue.

On oublie que les effets anesthésiques se continuent et quelquefois s'accroissent encore après qu'on a cessé l'inspiration des vapeurs chloroformiques.

Il n'y a donc pas d'inconvénient, il y a grand avantage, selon moi, à suspendre quelques secondes, pendant lesquelles on voit comment fonctionnent les grands appareils de la vie organique. »

Cette manière d'agir si sage et si prudente est celle qui doit être mise en pratique, et, grâce à elle, on peut être presque assuré que chez l'enfant surtout aucun accident ne viendra entraver la marche de l'anesthésie.

Il faut cependant, quelque sûr que l'on puisse être, demeurer sur ses gardes, être prêt à intervenir à la première panique, et alors, jusqu'à ce que l'état normal se soit nettement rétabli, agir selon les règles dont je me borne à faire l'énumération :

Placer vivement l'enfant la tête en bas.

Enfoncer le doigt indicateur jusqu'à travers l'isthme du gosier, tant pour prévenir le refoulement de la langue sur l'épiglotte que pour provoquer des inspirations énergiques en excitant la muqueuse du larynx. Dans le même but, instillations d'eau fraîche dans les narines, la tête étant maintenue renversée.

Sur la peau, éponges mouillées. Face arrosée d'eau froide et flagellée.

Insufflation par la sonde laryngienne, et en même temps expulsion de cet air par la compression du thorax et de l'abdomen en suivant le rhythme de la respiration ordinaire. Trachéotomie.

Réveiller l'action du cœur. Electrodes appliqués sur la région du cœur. Electro-poncture du cœur.

Je ne parle que sous toute réserve de la faradisation des nerfs phréniques à la région cervicale, préconisée par M. Duchenne (de Boulogne) car, d'après de récents travaux publiés en Allemagne par le Dr W. Alysheusky dans le *Berliner klinische Wochenschrift* du mois d'août dernier, la contraction du diaphragme n'en résulte pas forcément.

Telles sont les principales indications à remplir si des accidents surviennent, et tous les chirurgiens doivent les avoir présentes à l'esprit, chaque fois qu'ils emploient le chloroforme chez l'enfant ; car, bien que pour moi, ce soit une opinion fermement arrêtée, d'après tout ce que j'ai vu et lu, que le chloroforme, dans la chirurgie de l'enfance, est d'une innocuité presque absolue, je n'hésite pas à dire que la sagesse et la prudence, dont on ne saurait se départir en aucun cas, sont là qui commandent une grande réserve.

Le but que je me suis proposé n'est pas d'affirmer que l'on peut administrer le chloroforme chez les enfants sans précaution, sans ménagement, et à propos de rien. Il est tout autre. La pratique des hôpitaux d'enfants démontre victorieusement que le chloroforme, si souvent administré, et pour des causes si diverses, ne déterminait pas d'accident ayant entraîné la mort.

J'ai voulu que les résultats de l'expérience acquise

par nos maîtres fussent mieux connus et, recher-
chant les causes de cette sorte de privilége dont
jouit l'enfance, m'appuyer à la fois sur la clinique
et la physiologie pour me permettre de conseiller
aux médecins de se servir, chez l'enfant, plus souvent qu'on ne le fait peut-être, d'un agent si précieux à tant de titres.

CONCLUSIONS

Voici les conclusions principales que je me crois
en droit de faire découler de cette thèse :

1° Le chloroforme, qui, à doses modérées, intelli-
gemment et prudemment administrées, n'est pas un
agent toxique, peut cependant causer la mort chez
l'adulte.

2° Chez l'enfant il est doué d'une innocuité presque
absolue.

3° Cette innocuité est due à la nature même des
phénomènes fonctionnels que l'enfant doit accomplir,
et principalement à ce que celui-ci n'a pas encore
conquis l'âge de raison, n'a aucune émotion morale
à ressentir, n'éprouve aucune appréhension des
dangers auxquels il peut être exposé, et se trouve
de la sorte à l'abri de l'apnée que déterminent une
grande terreur, une émotion extrême, et dont nous
avons fait, par voie d'exclusion, la cause la plus

importante des morts survenues subitement pendant l'administration du chloroforme.

4° Le chloroforme peut être administré à l'enfant dès les premiers jours de sa naissance.

5° Il doit être donné pour épargner la douleur qui résulte de l'intervention chirurgicale, et aussi chaque fois que l'on a à redouter des mouvements brusques, des contractions musculaires qui peuvent empêcher le chirurgien de mener à bien son opération ou de réunir tous les éléments de diagnostic.

Par cela même que, d'après la discussion à laquelle je me suis livré, le chloroforme peut être,
selon moi, donné aux enfants sans que l'on ait à
redouter d'accidents sérieux, j'aurais pu me dis-
penser de parler de cette nouvelle méthode d'anes -
thésie présentée à la Société de chirurgie tout der-
nièrement, et sur laquelle M. Lannelongue a écrit
un remarquable rapport.

Le bruit qui s'est fait autour de cette communication m'engage cependant à en parler ici.

M. Forné, médecin de la marine, présente à la
Société de chirurgie un mémoire sous le titre de : *Contribution à l'anesthésie chirurgicale*, et ayant trait
à un nouveau procédé d'anesthésie en deux temps.

Voici en quoi consiste ce procédé :

Dans un premier temps, on fait prendre aux malades une dose unique de chloral, variant entre 2 et
5 grammes, suivant l'âge des sujets. On attend que
le sommeil soit obtenu, et en général une heure ne
s'écoule pas avant qu'on soit arrivé à ce résultat.

A ce moment, on procède aux inhalations chloroformiques.

M. Forné, et c'est en cela que sa communication
nous intéresse à un certain point, a appliqué, pour
la première fois, son procédé sur une petite fille de
4 ans, dans le but d'explorer les voies urinaires de
l'enfant, dont la miction était difficile et doulou-

reuse. Dans le second cas, il s'agissait d'un jeune homme vigoureux, adulte et âgé de 21 ans.

Pris à un point de vue général, ce procédé repose sur le principe de l'association d'un agent narcotique et d'un agent anesthésique. L'idée première a déjà quelques années de date. Elle revient à M. Claude Bernard, qui l'a expérimentalement appliquée au Collége de France.

Une seule différence existe : c'est que M. Claude Bernard mettait l'opium en usage, tandis que M. Forné se sert de chloral.

Le principe n'en reste pas moins le même, et ce que je dis n'est en rien pour diminuer le mérite de la découverte de M. Forné, mérite que je reconnais, ainsi que l'a fait M. Lannelongue.

Si j'avais à cœur de traiter de l'anesthésie chloroformique chez l'adulte, j'hésiterais peut-être à suivre l'exemple de M. Forné ; mais j'avoue que je n'ai que faire de son procédé quand j'ai l'intention d'administrer le chloroforme à un enfant, puisque très-précisément M. Forné s'applique à écarter des écueils que l'enfance n'a point à redouter, et cherche à récupérer pour ceux auxquels il administre le chloroforme le privilége dont jouit l'enfant par la nature même de ses fonctions.

C'est ce que dit, en effet, M. Lannelongue dans ses rapports, et je ne saurais mieux faire que de le citer textuellement :

« La crainte, la frayeur, chez les sujets pusillanimes, et ils sont très-nombreux, suffit pour rendre compte de ces cas où la mort a été rapide après l'absorption d'une petite quantité de chloroforme.

Il y a, dit M. Forné, une sidération nerveuse qui ne peut s'expliquer que par le trouble profond dans lequel sont mis les malades devant la perspective de l'anesthésie, de ses suites et de l'opération qu'ils doivent supporter....... C'est pour cela qu'en plaçant les malades dans un sommeil préparatoire, on trouve réunies des conditions bien autrement supérieures. On annihile en effet la résistance des sujets, on évite l'influence de la peur, on surprend l'économie en la faisant passer du sommeil, que l'on peut considérer déjà comme un premier degré d'anesthésie, à une insensibilité complète. »

Je ne veux pas parler ici des inconvénients qui, dans un autre ordre d'idées, succéderaient à ce procédé de l'anesthésie en deux temps, de l'état de refroidissement vraiment inquiétant dans lequel se trouvent les malades qui sont chloroformisés après avoir pris préalablement du chloral, ainsi que l'a fait remarquer mon maître, M. le professeur Dolbeau.

Mais en somme, ce que désire M. Lannelongue et ce que, d'après lui, M. Forné obtient artificiellement, c'est ce que nous trouvons naturellement chez l'enfant, et, en écoutant le rapport prononcé devant la Société de chirurgie, il me semblait entendre une nouvelle voix qui s'accordait avec la mienne et proclamait ainsi, avec plus d'autorité, l'innocuité du chloroforme dans la chirurgie de l'enfance.

Je n'ai qu'un dernier mot à ajouter. Mon cher maître, M. Dolbeau, chargé de faire un rapport sur l'emploi du chloroforme au point de vue de la perpétration des crimes et délits, a institué des expériences curieuses, parmi lesquelles il en est qui ont trait à mon sujet. Il résulte des faits observés à l'hôpital Beaujon que, lorsqu'on approchait d'un adulte déjà plongé dans le sommeil naturel une compresse imbibée de chloroforme, les vapeurs qui s'en exhalaient provoquaient un réveil brusque, mêlé d'agitation et de convulsions. Ceux-là seuls qui échappaient à ce réveil et sur lesquels au contraire l'agent anesthésique exerçait d'autant mieux son action, étaient des enfants. N'est-il pas sage, dès lors, de dire avec M. Dolbeau que non-seulement le chloroforme peut être donné impunément aux enfants, mais encore qu'il est permis, quand on les trouve déjà endormis, de ne pas les réveiller, mais de prolonger le sommeil naturel avec l'aide du chloroforme, pour faciliter de la sorte le rôle du chirurgien.

Cela est un enseignement précieux, et si, dans un tout autre ordre d'idées, j'ajoute que, chez les aliénés, le chloroforme est administré chaque jour sans qu'aucun accident ait été jamais constaté, j'aurai, ce me semble, démontré victorieusement l'innocuité du chloroforme chez l'enfant ; car, somme toute, l'aliéné a perdu l'usage de ces facultés intellectuelles qui ne sont point encore dévéloppées dans l'enfance, et qui chez l'homme adulte et sain en font peut-être le maître du monde, mais l'exposent à des dangers dont j'ai signalé toute la gravité.

BIBLIOGRAPHIE.

BOUVIER. — De la mort par le chloroforme chez les enfants, 1867.

BOUCHUT. — Nouvelles recherches sur les lois de la mortalité, 1861.

— Leçons cliniques sur les maladies des enfants, 1858.

DENONVILLIERS. — Rapport à l'Académie de médecine.

FAURE. — Le chloroforme et l'asphyxie. *Archives de médecine*, 5e série, t. XII, p. 48.

GAYET. — Rapport sur les cas de mort survenus à Lyon, 1867.

GIRALDÈS. — Leçons sur les maladies chirurgicales dés enfants, 1869.

GOSSELIN. — Clinique chirurgicale de la Charité, 1873.

GUERSANT. — Chirurgie des enfants, 1864-1867.

HAWOARD. — Remarks on the danger of inhalation of chlorof., 1861.

HERBET. — De l'emploi des anesthésiques en chirurgie, 1864.

HERGOTT. — Règles de l'administration du chloroforme, 1863.

— Accidents dans la chloroformisation, 1869.

LALLEMAND et M. PERRIN. — Du rôle de l'alcool et des anesthésiques, 1860.

— Traité d'anesthésie chirurgicale, 1863

MARDUEL. — Les morts par le chloroforme, 1870.

MICHEL. — De l'emploi du chloroforme dans les opérations qui se pratiquent sur la face, 1850.

ROBERT. — Résumé de la discussion sur le chloroforme, 1853.

— Des règles à suivre dans l'administration des anesthésiques, 1859.

ROGER. — Clinique de l'hôpital des Enfants, 1864.

Sédillot. — De l'insensibilité produite par le chloroforme, 1848.

— De quelques phénomènes psychologiques, 1864.

— *Gazette médicale de Strasbourg*, 1869, n° 11.

Simonin (de Nancy). — Remarques principales sur l'anesthésie, 1869.

— Parallèle entre l'éther et le chloroforme.

Dictionnaire de médecine et chirurgie pratiques, art. Anesthésie.

Dictionnaire des sciences médicales, art. Anesthésie.

A. Parent, imprimeur de la Faculté de Médecine, rue M.-le-Prince. 31.